I0813859

CELEBREMOS LAS FIESTAS ESTADOUNIDENSES / CELEBRATING U.S. HOLIDAYS

¿Por qué celebramos EL DÍA DE LA INDENDENCIA?

Why Do We Celebrate INDEPENDENCE DAY?

Jonathan Potter

Traducido por / Translated by Ana María García

New York

Published in 2019 by The Rosen Publishing Group, Inc.
29 East 21st Street, New York, NY 10010

First Edition

Translator: Ana María García
Editorial Director, Spanish: Nathalie Beullens-Maoui
Editor, Spanish: Rossana Zúñiga
Editor, English: Brianna Battista
Book Design: Reann Nye

Photo Credits: Cover Ivan Marc/Shutterstock.com; p. 5 Monkey Business Images/Shutterstock.com; p. 6 Robert Pernell/Shutterstock.com; p. 9 JohnKwan/Shutterstock.com; p. 10 Valeriya Zankovych/Shutterstock.com; p. 13 Jose Luis Pelaez Inc/Blend Images/Getty Images; pp. 14, 24 wavebreakmedia/Shutterstock.com; pp. 17, 24 Blend Images- KidStock/ Brand X Pictures/Getty Images; p. 18 VisionsofAmerica/Joe Sohm/DigitalVision/Getty Images; p. 21 Ariel Skelley/DigitalVistion/Getty Images; pp. 22, 24 (fireworks) nd3000/Shutterstock.com.

Cataloging-in-Publication Data

Names: Potter, Jonathan.
Title: Why Do We Celebrate Independence Day? = ¿Por qué celebramos el Día de la Independencia? / Jonathan Potter.
Description: New York : PowerKids Press, 2019. | Series: Celebrating U.S. Holidays = Celebremos las fiestas estadounidenses | Includes index.
Identifiers: LCCN ISBN 9781538334959 (library bound)
Subjects: LCSH: Fourth of July–Juvenile literature. | Fourth of July celebrations–Juvenile literature.
Classification: LCC E286.P68 2019 | DDC 394.2634 -dc23

Manufactured in the United States of America

CPSIA Compliance Information: Batch #CS18PK: For Further Information contact Rosen Publishing, New York, New York at 1-800-237-9932

CONTENIDO

CONTENTS

El 4 de julio es
el Día de la Independencia.
¡Es el cumpleaños
de Estados Unidos!

Independence Day is on July 4.
It's America's birthday!

USA

El Día de la Independencia celebra a las trece colonias americanas que formaron los Estados Unidos.

Independence Day celebrates the 13 American colonies becoming the United States.

En 1776 Thomas Jefferson escribió la Declaración de Independencia y se hizo oficial el 4 de julio.

Thomas Jefferson wrote the Declaration of Independence in 1776. It became official on July 4.

Los estadounidenses celebran el Día de la Independencia. También se conoce como el 4 de julio.

Many Americans celebrate Independence Day. It's also called the Fourth of July.

El 4 de julio es un día feriado en verano. La gente lo celebra al aire libre.

The Fourth of July is a summer holiday. People celebrate outside together.

Familias y amigos se reúnen para hacer pícnic. Cocinan a la **parrilla**.

Families and friends get together for picnics. They cook food on the **grill**.

En el Día de la Independencia se hacen **desfiles**. La gente lleva la bandera de Estados Unidos.

There are **parades** on Independence Day. People carry American flags.

We the People

El desfile nacional tiene lugar
en Washington, D. C.
El presidente vive
en Washington, D. C.

The national parade is in Washington, D.C. The president lives in Washington, D.C.

La bandera de Estados Unidos es roja, blanca y azul. La gente viste con estos colores para celebrar.

The American flag is red, white, and blue. People wear these colors to celebrate.

Por la noche, la gente va a ver los **fuegos artificiales**. ¡Los fuegos artificiales iluminan el cielo!

People watch **fireworks** at night. Fireworks light up the sky!

Palabras que debes aprender / Words to Know

(los) fuegos artificiales
fireworks

(la) parrilla
grill

(el) desfile
parade

Índice / Index

Sitios de Internet / Websites

Debido a que los enlaces de Internet cambian constantemente, PowerKids Press ha desarrollado una lista en línea de sitios de Internet relacionados con el tema de este libro que se actualiza regularmente. Utiliza este enlace para acceder a la lista: www.powerkidslinks.com/ushol/indep

Due to the changing nature of Internet links, PowerKids Press has developed an online list of websites related to the subject of this book. This site is updated regularly. Please use this link to access the list: www.powerkidslinks.com/ushol/indep